wat ben ik?

Lieneke Dijkzeul
tekeningen van Mark Janssen

Zwijsen

dit boek is van mij.
ik woon er in.
met een kip en een beer
en een bij.
maar er is meer.
er is ook een vis.
een vis in een boek?
een vis hoort in zee!
het is raar maar waar.
kijk maar mee!

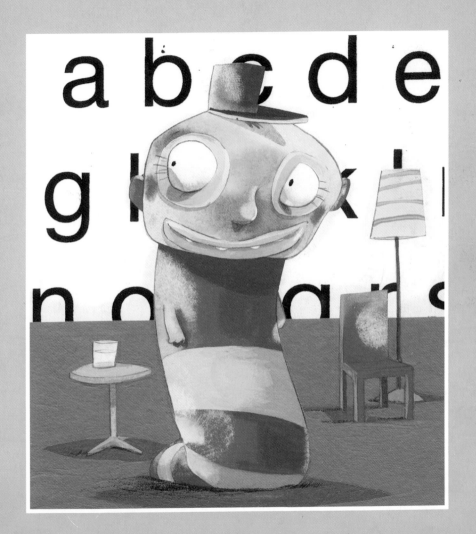

ik woon in een hok.
in een hok van de boer.
ik woon bij de haan.
daar komt hij net aan!
ik zit in een ren.
daar zoek ik mijn voer.
ik tok en ik pik.
wat ben ik?

ik woon in een peer.
ik eet op en neer.
ik boor me er door.
ik hap heen en weer.
ik eet tot de pit.
kijk waar ik zit!

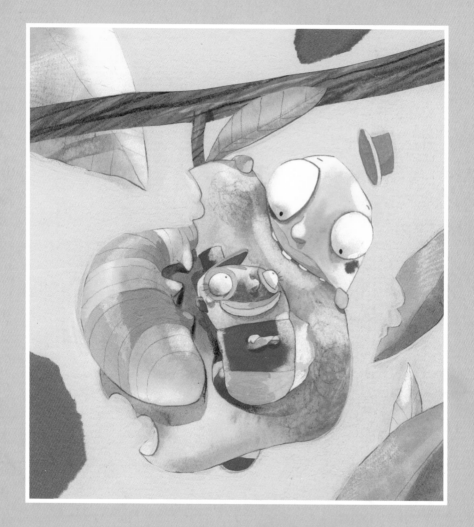

ik zit op een roos.
daar zoem ik een poos.
ik eet er het zoet.
dat moet.
kom maar bij mij ...
maar zoem ik boos
dan moet ik weg.
dan ben ik er bij!

9

ik woon op het ijs.
ik hak er een wak.
daar vis ik dan wat.
ik vis op een vis.
vis ik mis
dan ben ik nat.
maar vaak mik ik raak.
dan zit de vis
aan de haak.

ik zit op een tak
maar ook op het dak.
ik tik op het raam.
wat is mijn naam?

13

beet! roept de man.
de man in de boot.
hij hijst me op in een net.
ik hoor in de zee,
maar de boot neemt me mee.
ik moet in de pan.
in het vet.

ik woon in een zak.
een zak op een buik.
ik pas er in tot mijn kin.
ik hip heen en weer.
ik wip op en neer.
maar ben ik moe
dan wip ik er in.

dit boek was mijn huis,
maar het is op.
en ook de kip, de vis, de beer
van teen tot kop.
maar ik moet meer!

ik zoek een boek.
daar woon ik in.
dan eet ik weer.
zin voor zin.

Serie 5 • bij kern 5 van Veilig leren lezen

Na dertien weken leesonderwijs: